Este título incluido en **Nuestros Ilustres** —la serie de biografías de destacados personajes de los ámbitos de la ciencia, la cultura y la historia— pretende servir de soporte cultural y educativo, así como de **apoyo extracurricular a diversas asignaturas**, con el objetivo de promover el conocimiento, la investigación, la innovación, el talento y la divulgación. Cada título aproxima a los niños a un personaje cuya trayectoria ha contribuido significativamente al desarrollo y a la calidad de vida de nuestra sociedad.

Guía de lectura:
¿Deseas saber más sobre los Juegos Olímpicos de Barcelona?

🔍 Citas de los protagonistas. | 💡 Información más detallada.

Textos
Joaquín Luna

Ilustraciones
Itziar Barrios

Dirección de la colección
Eva Moll de Alba

© Vegueta Ediciones
Roger de Llúria, 82, principal 1º
08009 Barcelona
📷 vegueta_infantil
www.veguetaediciones.com

Primera edición: abril 2024
ISBN: 978-84-18449-46-8
Depósito Legal: B 8324-2024
Impreso y encuadernado en España

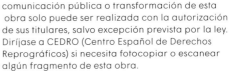

Cualquier forma de reproducción, distribución, comunicación pública o transformación de esta obra solo puede ser realizada con la autorización de sus titulares, salvo excepción prevista por la ley. Diríjase a CEDRO (Centro Español de Derechos Reprográficos) si necesita fotocopiar o escanear algún fragmento de esta obra. (www.conlicencia.com; 91 702 19 70 / 93 272 04 45)

NUESTROS ILUSTRES

Barcelona 1992

El sueño de Juan Antonio Samaranch

Joaquín Luna
Itziar Barrios

El día que nació Juan Antonio Samaranch, en la vivienda familiar de la calle Bailén de Barcelona, el calendario marcaba el 17 de julio de 1920. El diario *La Vanguardia* de ese día informaba que «Terminada la novena etapa del Tour de Francia, no quedan más que 23 corredores». Muy pocos. Auténticos supervivientes, porque las carreteras de Francia acusaban el deterioro de cuatro años de la Primera Guerra Mundial.

La guerra aumentó la demanda internacional por los productos textiles, cuya industria se concentraba en Cataluña, un hecho aprovechado por Francisco Samaranch, padre de Juan Antonio y hombre hecho a sí mismo, que creó una fábrica puntera en colchas y tapicerías.

Una Barcelona en movimiento y floreciente que absorbía el espíritu «feliz» de los años 20 y sus vanguardias innovadoras tras cuatro años de guerra en el Viejo Continente. Quizás por ello, Juan Antonio Samaranch tuvo algo de eterno optimista, gente que mira siempre hacia delante y no hacia atrás.

Aquella Barcelona de 1920

España fue neutral en la Primera Guerra Mundial, condición que hizo prosperar a Barcelona, punto de encuentro de espías, negociantes y aventureros de media Europa. Aquella internacionalización acrecentó en la Ciudad Condal el interés por el deporte que se abría paso, de forma romántica, en las sociedades más desarrolladas.

Juan Antonio Samaranch celebró su 16 cumpleaños un día antes de la sublevación militar contra la II República. Nadie era consciente de la gravedad de aquel 18 de julio de 1936. El sentimiento popular que había, es que se trataba de una convulsión de vida corta, pero no, empezaba una guerra civil de tres años que dividiría durante décadas a los españoles, a muchos de los cuales se les hizo elegir bando. Así sucedió con los Samaranch.

Por aquella época, Francisco Samaranch se encontraba en Francia y, con la conciencia tranquila, emprendió regreso a Barcelona. En la frontera, los milicianos lo detuvieron. En esos días, un empresario era, automáticamente, sospechoso de ser un enemigo de los trabajadores. Los milicianos pidieron informes al comité revolucionario en Molins de Rei, donde estaba la fábrica de los Samaranch. Finalmente, llegó la respuesta: «adelante, se trata de una buena persona». Quiso la casualidad que la respuesta la diese un sindicalista a quien Francisco Samaranch había llevado en su coche a menudo para ahorrarle la caminata. Aquel gesto le salvó.

Todos bajo la lupa

Las autoridades republicanas inquirieron en más de una ocasión sobre Juan Antonio. Ser hijo de un burgués le hacía sospechoso. Hasta el punto de que, para deshacer entuertos, se alistó en la «Quinta del biberón», formada por menores de 18 años, cuando la contienda ya estaba decantada.

El final de la Guerra Civil Española

Los meses finales de la guerra fueron una tragedia sobre fondo de tragedia. Sin quererlo ni beberlo, los Samaranch quedaron en el bando de los vencedores, liderado por el general Franco, sin abjurar de su catalanidad y de la dimensión social que tenían sus fábricas para con los trabajadores.

Formado en el Colegio Alemán y estudiante de Peritaje y Profesorado Mercantil, al joven Samaranch lo que le apasiona es desarrollar el deporte, tan devastado por la guerra como el resto de estructuras sociales. Con más entusiasmo que medios, se las ingenió para que España compitiera en el Mundial de Hockey sobre patines de 1949 en Portugal, y se hizo con el subcampeonato. Este logro subió los ánimos de Samaranch y permitió a Barcelona acoger el Mundial de 1951.

El Mundial de Barcelona fue la primera gran competición deportiva que se celebraba en España desde el final de la Guerra Civil. Y con ella, Barcelona volvía a aparecer en el mapa europeo como una capital deportiva. El impacto fue mayor gracias a la victoria de la selección española, de ahí que la Ciudad Condal volviese a organizar dicha competición en 1954, disputada en un marco atípico y majestuoso como el Palau Nacional de Montjuïc, hoy Museo Nacional de Catalunya. En un país por construir y medios escasos, Samaranch descubrió que todo es posible siempre y cuando haya entusiasmo por lograrlo.

La vida sigue

Juan Antonio Samaranch practicaba boxeo, fútbol, tenis y, sobre todo, hockey sobre patines, modalidad muy catalana. Además, fundó la sección de hockey sobre patines del RCD Espanyol y era el socio número 4.314 del FCB Barcelona.

La España de la dictadura

España vivía aislada por ser una dictadura mal vista en Europa y Estados Unidos. A unos les importaba poco, a otros les interesaba no vivir ajenos al mundo. Samaranch era de estos.

Samaranch descubrió en los Juegos Olímpicos de Helsinki de 1952, los segundos tras la II Guerra Mundial y los primeros a los que asiste, la cara más noble del deporte. Allí donde el ganador es felicitado y la deportividad es lo primero.

Escribió colaboraciones desinteresadas para el diario barcelonés *La Prensa*, la mejor forma de hacer pedagogía sobre la grandeza del olimpismo, tan distinto al deporte de hinchadas, broncas y trifulcas dominantes en la época. Y, sobre todo, transmitió la grandeza de dos estrellas de Helsinki, el finlandés Paavo Nurmi y el checoslovaco Emil Zatopek «la locomotora humana».

«Nunca podré olvidar la entrada de Zatopek en el estadio, corriendo la última vuelta como vencedor de su tercera medalla de oro obtenida en la prueba reina de la maratón. Todo el público coreando su nombre. Me di cuenta, entonces, de que el olimpismo era algo muy diferente de lo que yo había conocido hasta entonces en el campo del deporte».
Juan Antonio Samaranch

La prensa y el deporte
Juan Antonio Samaranch descubrió que el desarrollo y la pedagogía del deporte pasaba por su difusión en los medios de comunicación. Por esa razón, en todos sus cargos, se preocupó por mantener una relación estrecha y cercana con los periodistas.

El año 1955 es crucial para España. Debido al anticomunismo del régimen y a la polarización mundial a causa de la pugna entre EE.UU y la Unión Soviética —la llamada Guerra Fría—, España es admitida en la Organización de Naciones Unidas (ONU) y empieza a abrirse al mundo. Gracias a otro barcelonés ilustre, el Barón de Güell, la Ciudad Condal se compromete a organizar los II Juegos del Mediterráneo, bajo el cobijo del Comité Olímpico Internacional (COI).

Al ahora concejal Juan Antonio Samaranch le corresponde asumir el reto. Se remodela el icónico estadio de Montjuïc —una premonición del destino que le esperaba en 1992—, y se construye un moderno Pabellón Municipal de Deportes en las estribaciones de Montjuïc. Ahí empieza la leyenda de «la montaña más deportiva del mundo».

El éxito de los Juegos del Mediterráneo es rotundo. Hay 19 modalidades deportivas, 10 delegaciones y 1.135 atletas (todos hombres, un hecho que ilustra lo mucho que quedaba por hacer). Y ahí, por primera vez, se hacía realidad el sueño de Juan Antonio Samaranch. El vicepresidente del COI, el francés Armand Emile Vassard, afirma que: «Barcelona ha demostrado plenamente su capacidad para, en el futuro, organizar unos Juegos Olímpicos». Aquel guiño no cae en saco roto, aunque podría calificarse de utópico. Era difícil que Juan Antonio Samaranch pudiera presidir el COI dado el carácter dictatorial de España en 1955.

Los juegos del Mediterráneo

Se trataba de una suerte de Juegos ceñidos a los países del Mediterráneo entre los que figuraban potencias deportivas como Francia e Italia. El entusiasmo popular era desbordante, Barcelona reforzaba su «marca» a escala internacional como ciudad amante del deporte y daba otro paso en el camino de salida del aislamiento.

La vida personal de Samaranch

En 1955, se casó con María Teresa Salisachs, la elegancia personificada, políglota y avanzada a su tiempo. La compañera ideal para aquel doble sueño: presidir el COI y acoger en Barcelona los Juegos Olímpicos. Años después tuvieron a sus dos hijos, Juan Antonio y María Teresa.

Por primera vez, en 1956, los Juegos Olímpicos se celebraron en un continente distinto a América y Europa. La cita es en la ciudad australiana de Melbourne. Y hay alguien especialmente ilusionado: el gran Joaquín Blume, un gimnasta barcelonés de 23 años que ya había debutado en Helsinki y aspiraba a una medalla en una especialidad tan exigente. Igual de ilusionado estaba Samaranch, que acababa de ingresar en el Comité Olímpico Español y era el jefe de la misión en Melbourne. Solo iban a acudir cinco deportistas por el elevado coste del viaje y la dificultad de compaginarlo con estudios y trabajos.

En octubre de ese año, días antes de la inauguración de los Juegos Olímpicos, los tanques de la Unión Soviética invadieron Hungría para sofocar una rebelión contra las imposiciones de Moscú. Recién «perdonado» por Estados Unidos a modo de mal menor debido a su anticomunismo, el régimen de Franco quiso apuntarse un tanto propagandístico y anunció en tono rimbombante que retiraba a los deportistas de los Juegos. Aquel boicot fue el primero de la historia, al que solo se sumaron Suiza y los Países Bajos. Aunque los gastos corrían de su cuenta, el Gobierno prohibió a Juan Antonio Samaranch viajar a Australia.

Y si aquella decepción no fue suficiente, el destino añadió una tragedia: el gimnasta Joaquín Blume perdió la vida el 29 de abril de 1959 en el accidente de avión de un vuelo de Iberia entre Barcelona y Madrid. Nadie vería su Cristo en los Juegos de Roma de 1960.

El amor por los Juegos Olímpicos

Pese al ambiente hostil, Samaranch y algunos de sus colaboradores, imbuidos del espíritu olímpico, izaron en un mástil en la montaña de Montjuïc la bandera olímpica. Aquel gesto menor simbolizaba el rechazo que Samaranch sintió siempre por la interferencia política en las Olimpiadas. Él creía en los valores del deporte como forma de hermanamiento entre todos los hombres y mujeres del mundo, fuesen de la etnia que fuesen.

Los Olímpicos sin deportistas profesionales

En muchas de las primeras ediciones de los Juegos Olímpicos solo participaban deportistas amateurs por una decisión del Comité Olímpico Internacional. Sin embargo, con el paso del tiempo, y gracias a la expectativa de los aficionados, se comenzaron a aceptar deportistas profesionales en todas las disciplinas.

La década de los 60 fue puro dinamismo y transformación, tanto en el mundo como en la vida de Juan Antonio Samaranch. El desarrollo económico en Estados Unidos, Europa —España incluida— y Japón fue espectacular, lo que permitió cerrar el «luto» y las estrecheces de las postguerras. Emergió una clase media occidental que podía permitirse lujos como una vivienda, un automóvil, vacaciones pagadas y electrodomésticos «lujosos», como la televisión.

En España, únicamente los deportistas del baloncesto, el fútbol, el boxeo y el tenis podían permitirse vivir de su profesión. La política deportiva correspondía a un organismo llamado Delegación Nacional de Deportes, que disponía de un presupuesto mínimo y cuyo objetivo era fomentar la práctica deportiva. Juan Antonio Samaranch lo preside en 1966, el mismo año en que da un paso trascendental en su sueño personal: también es elegido como miembro del Comité Olímpico Internacional, gracias, en parte, al afecto que le tiene su presidente, el estadounidense Avery Brundage, con quien comparte la afición por el arte y el coleccionismo.

De su paso por la Delegación Nacional de Deporte entre 1966 y 1970 queda el gran salto adelante de las infraestructuras deportivas y desarrollo del Instituto Nacional de Educación Física (INEF), el equivalente a una Universidad del Deporte. Ciudades y, especialmente pueblos, se llenan de pabellones, piscinas y pistas para practicar el deporte, que también se hace su hueco en las escuelas.

Leyendas del deporte

En los Juegos Olímpicos surgen deportistas de leyenda como el etíope Abebe Bikila, oro en la maratón de Roma 1960 y Tokio 1964, el primer africano en subir a lo más alto del podio. Para países menos desarrollados como Etiopía, la gloria olímpica era una forma de situarse en el mapa. En otros casos, como Tokio, los Juegos borraron la imagen belicista de Japón de la II Guerra Mundial.

Cambio de paradigma en el deporte

Juan Antonio Samaranch se empeñó en que el deporte entrara en la vida de los ciudadanos, pero no solo como espectadores sino como practicantes. Hasta los años 60, hacer deporte era algo parecido a un capricho o un lujo por la falta de tiempo, de infraestructuras y de mentalidad.

La televisión llega al deporte

La televisión dispara el interés por el deporte, y los ciudadanos no se pierden un Tour de Francia, los partidos de Liga, los internacionales, las Eurocopas o los Mundiales y, naturalmente, los Juegos Olímpicos.

España entra en la década de los 70 con la certeza de que es la última en la vida del dictador Francisco Franco. ¿Y después qué? Ese era el gran interrogante. Juan Antonio Samaranch no se había perdido ninguna competición de los Juegos Olímpicos de verano o de invierno desde Melbourne, y estaba en permanente contacto con el mundo, que también anhelaba que España entrase en el grupo de democracias occidentales, como le correspondía por desarrollo económico y condición europea.

A mediados de la década de 1970, Samaranch ocupó un cargo relevante: presidente de la Diputació de Barcelona, embrión de la Generalitat y cuya sede estaba en el actual Palau de la Generalitat. En su labor, modernizó el edificio, potenció los gestos catalanistas y trabajó para la reconciliación de las dos Españas bajo la fórmula de una monarquía constitucional con el propósito de acabar con la fractura derivada de la Guerra Civil. Lo hace desde el centrismo, en la línea de la UCD de Adolfo Suárez, pero la política española no era lo suyo.

Adelantado a su tiempo

Samaranch sabe de la importancia de una publicidad inteligente, a la americana, y bajo su mandato surge un eslogan que aún recuerdan los mayores de este país: «Contamos contigo». Es decir, practiquen deporte, muévanse del sillón frente al televisor y ganarán en salud y madurez.

La muerte de Franco en 1975 da paso a la llamada «transición», un tiempo de cambios vertiginosos. Después de décadas de diabolización del comunismo, España y la Unión de Repúblicas Socialistas Soviéticas (URSS) acuerdan establecer relaciones diplomáticas. Es decir, algo tan simple como reconocer la existencia del otro. Y si hay relaciones diplomáticas, hay embajadas y si hay embajadas, se necesita un embajador.

Juan Antonio Samaranch sorprende al presidente de Gobierno con una petición. Adolfo Suárez supone que quería solicitarle una cartera ministerial o la presidencia de alguna gran entidad pública. Lo último que se esperaba es que Samaranch se postulase para el puesto de embajador en Moscú. El desconcierto es lógico, la petición más lógica todavía. Avery Brundage había dejado la presidencia del COI en 1972 por cuestión de edad y su sucesor, el aristócrata irlandés Lord Killanin, no iba a presentarse a la reelección en 1980.

El COI fijó la elección para una sesión que debía celebrarse 48 horas antes de la inauguración de los Juegos Olímpicos de Moscú de 1980. La decisión de celebrarlo en la capital soviética era una deuda con la URSS, cuyos deportistas copaban los primeros puestos del medallero en todos los Juegos. El olimpismo entraba, de paso, en territorio comunista, en plena Guerra Fría entre Washington y Moscú.

Los Juegos Olímpicos de Moscú, en peligro

Las tropas de la Unión Soviética invadieron Afganistán en 1979, lo que alteraba las normas no escritas de la Guerra Fría. Estados Unidos reaccionó con contundencia; armó a los talibanes afganos y llamó, entre otras medidas de protesta, a secundar un boicot contra los Juegos Olímpicos de Moscú. El llamamiento al boicot situaba a España, aliada de Estados Unidos, en una difícil tesitura.

Nadie contaba con un boicot dirigido por el país más potente e influyente del mundo, Estados Unidos. Desde su plaza diplomática en Moscú, Samaranch estableció una relación de confianza con los máximos dirigentes olímpicos de la URSS, imprescindibles para asegurar la elección al frente del COI. El perfil de Samaranch les gustaba por su contrastada dedicación al deporte y su convicción de que el movimiento olímpico no debía dejarse apropiar por razones geopolíticas. La transición democrática española gozaba además de reconocimiento internacional. Estaba, en resumen, muy bien posicionado para conseguir la elección en las rondas de votaciones del COI, limitadas a los miembros de su comité ejecutivo y a los presidentes de las federaciones internacionales.

Desde Melbourne 56, Samaranch era contrario a los boicots porque castigaban a los deportistas, en especial a aquellos de especialidades más modestas que solo brillaban en las citas olímpicas, cada cuatro años. En consecuencia, apeló a los miembros del Comité Olímpico Español (COE) para que, en uso de autonomía, desatendieran el criterio del poder ejecutivo. Ahí entró en escena la capacidad dialogante de Samaranch, consciente de que competir en Moscú suponía un enfrentamiento institucional. Con flexibilidad y pragmatismo, halló una solución que permitió no castigar a los deportistas y, al mismo tiempo, salvar al Gobierno de una crisis con Estados Unidos. La delegación deportiva competiría con las siglas del COI y con la bandera de los cinco aros olímpicos y no con el nombre de España.

La maniobra reforzó el prestigio de Samaranch ante los electores del COI y en la mañana del 16 de julio de 1980, en Moscú, Juan Antonio Samaranch Torelló, resultó elegido presidente del COI por 44 de los 77 votos emitidos.

Maniobras diplomáticas

Estados Unidos presionó a España para que se sumara al boicot de Moscú. No era fácil decir que no a un aliado tan influyente y, en consecuencia, se declaró favorable a no enviar a los atletas españoles. Si España secundaba el boicot, las posibilidades de Samaranch se habrían esfumado.

El deporte para todos

Samaranch quería convertir el olimpismo en un asunto tan afín para los países desarrollados como para los que estaban en vías de desarrollo: hacer realidad la universalidad teórica del COI.

Pierre de Coubertin
(París, 1863 - Ginebra 1937)

Es el creador de los Juegos Olímpicos modernos. Nacido en una familia de la aristocracia francesa, su propósito era crear una competición extraordinaria para los deportistas de todo el mundo, bajo el signo de la unión y la hermandad, sin ánimo de lucro y solo por el deseo de conseguir la gloria, competir por competir.

MENS SANA IN CORPORE SANO

Para trabajar en un organismo «aristocrático» como el COI cuyos presidentes solo visitaban la sede central de Lausana, en Suiza, cada cierto tiempo, y ser un presidente ejecutivo, no cabían medias tintas. Juan Antonio Samaranch decide residir en Lausana, en un hotel, y acudir cada mañana al despacho, el Château de Vidy, algo muy en la línea de la tradición de la burguesía empresarial catalana.

Entre sus primeras acciones figura reunirse con la prensa en Lausana, en mangas de camisa, y responder a todas las preguntas. Quería proyectar cercanía y transparencia. Saber escuchar fue siempre una de sus grandes virtudes y una muestra de la humildad de quién es consciente que puede estar equivocado y no le asiste la razón por la mera razón de ocupar un cargo ejecutivo. En sus tiempos de embajador en Moscú, un hábito suyo nada más llegar al despacho era conversar con los contados corresponsales españoles acreditados a fin de recabar información y opiniones. Escuchar y cuidar los detalles. No se alcanza la presidencia de un organismo como el COI sin saber estar.

«Samaranch abrió las ventanas. Escuchaba a todo el mundo».
Louis Guirandou-N'Diaye, miembro del COI

La importancia de los medios de comunicación

Samaranch siempre comprendió el papel de los medios de comunicación y trató de convertirlos en aliados de la causa olímpica. No en vano uno de sus más leales y estrechos colaboradores a lo largo de toda su carrera fue el periodista barcelonés Andrés Mercé Varela.

Saber escuchar

Los colaboradores de Samaranch en aquella etapa moscovita también recuerdan su apego al protocolo y su frase «cuando tengas que saludar a una fila de personas, nunca dejes de dar la mano al último. Si no lo haces, nunca te lo perdonará».

La gestión del COI y sus proyectos pasaban por varios ejes: hacer realidad la universalidad del deporte, incorporar a la mujer en los JJ.OO —lo que exigía actuar en las infraestructuras de todos los países y derribar tabúes—, dotar de medios económicos al COI, cuyas arcas estaban vacías, y desterrar para siempre la visión romántica de que un deportista olímpico debía ser amateur por excelencia.

La siguiente cita olímpica se fijó en Los Ángeles 1984. Era una elección anterior a la era Samaranch cuyos primeros Juegos como presidente del COI, en realidad, fueron los de invierno en Sarajevo 84. Los Juegos de Los Ángeles, los llamados de «verano», eran muy delicados porque los dos precedentes, Montreal 76 y Moscú 80, habían supuesto un agujero excesivo para las arcas municipales. La idea de acoger la cita era ruinosa y explicaba que muchas grandes capitales fuesen reacias a organizar una Olimpiada.

Como era de temer, dada la dinámica de la Guerra Fría, el bloque de países comunistas —excepto la República Popular China— secundó el llamamiento de Moscú para boicotear la cita californiana. En total, la URSS logró que 15 países, so pretexto del «clima anticomunista» que se respiraba en Estados Unidos bajo la presidencia de Ronald Reagan, participaran en el boicot.

La ausencia hizo temer una baja audiencia televisiva y la aportación a la baja de los patrocinadores, pero los temores resultaron infundados y sucedió todo lo contrario, gracias al fervor con que los estadounidenses siguieron los Juegos y al número de medallas de sus deportistas, debido a la ausencia de competidores tan duros como los soviéticos o los cubanos.

«Los Juegos Olímpicos deben estar abiertos a los mejores del mundo».
Juan Antonio Samaranch

Las Olimpiadas también son para los profesionales

Bajo el mandato de Samaranch se abolió una premisa propia de los viejos tiempos, pero insostenible en los deportes, cada día más exigentes para quienes lo practicaban. Ahora no solo los deportistas amateurs podían ir a los Juegos, sino también los profesionales.

El boicot no le conviene a nadie

Los Juegos Olímpicos de Los Ángeles 1984 contaron con una participación sensacional, lo que demostró que no asistir a esta cita era una mala idea que solo perjudica al que la pone en práctica.

La capital de Corea del Sur, Seúl, organizó en 1988 los primeros Juegos elegidos bajo la presidencia de Samaranch. Una decisión arriesgada: el país era una dictadura militar que había vivido en 1987 sus primeras elecciones democráticas y su vecino, Corea del Norte, reclamaba acoger los Juegos Olímpicos pese a su hermetismo y naturaleza totalitaria. Es decir, un reto diplomático que el presidente del COI resolvió con mano izquierda y éxito.

A Corea del Norte se le recordó que los medios de comunicación de todo el mundo debían tener acceso ilimitado a fin de cubrir las eventuales competiciones. Por su parte, Corea del Sur aceleró la transición a la democracia. Quedaba otro escollo: evitar que el llamamiento al boicot hecho por Corea del Norte a sus aliados ideológicos prosperase; y no lo hizo porque sus dos grandes aliados, la URSS y la República Popular China, decidieron competir en Seúl. Fue un logro diplomático de primera magnitud de Juan Antonio Samaranch con la Guerra Fría vigente. La palabra «boicot» quedó desterrada para siempre del vocabulario olímpico.

El rey de Seúl 88 fue Ben Johnson, un sprinter canadiense nacido en Jamaica que llegaba con el récord mundial en los 100 metros lisos, la prueba cumbre del atletismo junto al maratón que cierra siempre las citas olímpicas. Johnson se impuso en la final y se disponía a celebrar a lo grande la victoria cuando el sistema antidopaje detectó restos de sustancias prohibidas en los análisis de orina que se practicaban a los medallistas. Pese a la tentación de no delatar al rey de Seúl y hacer la vista gorda, Ben Johnson fue desposeído de su medalla de oro y del récord del mundo. De rey a villano.

Antidopaje en el deporte

El programa antidopaje ya existía en el COI desde la década de los 60, pero fue Samaranch quien otorgó a su responsable, el príncipe de Merode, los medios económicos y la cobertura moral. La lucha contra el dopaje pasó a ser una prioridad y se creó la Agencia Mundial Antidopaje.

España vivía en la efervescencia cuando Juan Antonio Samaranch fue elegido presidente del COI en 1980. Barcelona, como el resto de ciudades, había elegido por primera vez un ayuntamiento de forma democrática en 1979. Ganaron los socialistas y el joven Narcís Serra pasó a ser el alcalde. Tras el fallido intento de golpe militar del 23 de febrero de 1981 —con la entrada a tiros en el Congreso—, el PSOE gana las elecciones de 1982 y galvaniza el deseo colectivo de progresar y reforzar la tierna democracia. En plena sintonía, Narcís Serra recoge el guante «deslizado» por Samaranch, y recibe el apoyo del Gobierno y la Corona, más tarde el de la Generalitat, para presentar la candidatura a los Juegos Olímpicos de 1992, que correspondían al continente europeo por una alternancia no escrita (América acogió los de 1984 y Asia los de 1988).

Desde la sombra, Samaranch fue aconsejando al alcalde, primero Serra, después Pasqual Maragall, para que Barcelona presentase una candidatura impecable. Al fin y al cabo, tenía un contrincante excepcional: la ciudad de París. Muy pocos creyeron que existían posibilidades, pero resultó fundamental el amor de Samaranch por su ciudad.

Y llegó la reunión decisiva de Lausana del 17 de octubre de 1986 en la que el COI debía elegir la sede olímpica del 92. Barcelona obtuvo 47 votos frente a los 23 de París. A la hora de la comida, con todos los ciudadanos de Barcelona frente al televisor, paralizados por la emoción, un catalán universal llamado Juan Antonio Samaranch anunció en francés la elección. Marcadamente, pronunció Barcelona en catalán. La ciudad se sumergió en el júbilo espontáneo. «A la ville de… Barcelona».

De sueño a realidad olímpica

Debido a la elección de Juan Antonio Samaranch como presidente del COI y a su eterno sueño de llevar los Juevos Olímpicos a Barcelona, la Ciudad Condal se convertiría en la primera ciudad española en albergar una cita olímpica.

Barcelona no solo se propuso organizar unos Juegos Olímpicos de 16 días de duración sino transformar la ciudad, abrirla urbanísticamente al mar y situarla en el mapa del mundo. Nervios, inquietudes y mucha determinación. ¿Estaremos a la altura? Las obras públicas siempre avanzan a ritmo más lento de lo previsto y había que remodelar el estadio de Montjuïc y erigir un gran pabellón deportivo, el espectacular Sant Jordi, del arquitecto japonés Arata Isozaki.

Además de jefes de Estado, monarcas y primeros ministros, Barcelona recibió a 10.000 atletas de todo el mundo, desde megaestrellas como el *dream team* de baloncesto de EE.UU a tiradores, marchadores o regatistas.

Todo salió a la perfección. La dimensión de Barcelona y la cercanía entre la villa olímpica y las sedes, mar incluido, contribuyeron a crear una atmósfera festiva, fraternal y optimista (la Guerra Fría acaba de terminar). Barcelona cosechaba su prolongada dedicación deportiva y Juan Antonio Samaranch el premio a una tenacidad que arrancó en 1955 con aquellos Juegos del Mediterráneo.

Los Juegos Olímpicos de Barcelona terminaron con una fiesta musical y la rumba *Amigos para siempre* en el estadio de Montjuïc.

Toda Barcelona trabaja por los Olímpicos

Samaranch y Maragall lideraron un grupo de dirigentes de primerísima línea, que salvaron obstáculos y nunca desfallecieron, así como los barceloneses: 35.000 voluntarios colaboraron desinteresadamente durante los 16 días olímpicos.

El protagonista

1920
El 17 de julio nace Juan Antonio Samaranch en la calle Bailén de Barcelona. En esa epoca la Ciudad Condal disfruta del espíritu feliz de los años 20 y de las vanguardias europeas.

1949
Con más entusiasmo que medios, Samaranch se las ingenia para que España compita en el Mundial de Hockey sobre patines 1949 en Portugal, y se hace con el subcampeonato. Este logro permite a Barcelona acoger el Mundial de 1951.

1955
Gracias al Barón de Güell, Barcelona organiza los II Juegos del Mediterráneo. Se remodela el icónico estadio de Montjuïc y se construye el Pabellón Municipal de Deportes en las estribaciones de Montjuïc. Ahí empieza la leyenda de «la montaña más deportiva del mundo».

Otros catalanes ilustres

1767 - 1818
Alí Bey
Aventurero, escritor y espía

1815 - 1876
Ildefonso Cerdà
La ciudad del futuro

1893 - 1983
Joan Miró
Un círculo rojo, la luna y una algarroba en el bolsillo

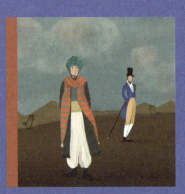

1966

Debido a que Juan Antonio Samaranch preside la Delegación Nacional de Deportes y es elegido como miembro del Comité Olímpico Internacional, en España se fomenta y desarrolla el deporte mediante la creación de pabellones, canchas y piscinas.

1980

Juan Antonio Samaranch es elegido presidente del COI. Trabaja para llevar el deporte a todo el mundo, incorporar a la mujer en los JJ.OO y dotar de medios económicos al COI. Y, sobre todo, logra llevar los Juegos a Barcelona.

1992

Se celebran los JJ.OO en Barcelona. La ciudad se transforma y recibe con éxito a más de 10.000 deportistas de todo el mundo. La dimensión de Barcelona y la cercanía entre la villa olímpica y las sedes contribuyeron a crear una atmósfera festiva, fraternal y optimista.

1919 - 1998

Joan Brossa
Atrapo una letra y pongo en pundo del revés

1920 - 2009

Vicente Ferrer
Un sol en la India

1923 - 2009

Alicia de Larrocha
La pianista de manos mágicas

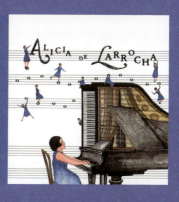